NOTICE HISTORIQUE

SUR LE

TIMBRE-POSTE

ET EN PARTICULIER SUR LE

TIMBRE-POSTE FRANÇAIS,

PAR Hte BOYER,

Directeur des Postes à Marennes.

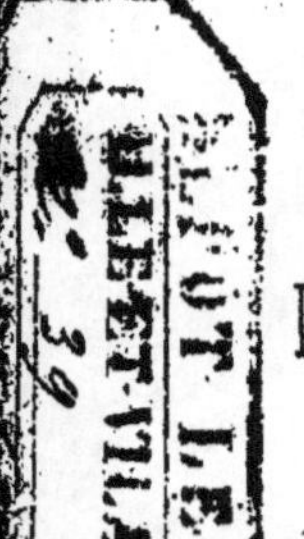

OBERTHUR,

IMPRIMEUR DES CHEMINS DE FER DE L'OUEST, A RENNES,

Editeur de l'Almanach et du Dictionnaire des Postes.

MARS 1863.

NOTICE HISTORIQUE

SUR LE

TIMBRE-POSTE

ET EN PARTICULIER SUR LE

Timbre-Poste Français,

Par H^te BOYER,

Directeur des Postes à Marennes.

§ 1er.

Le timbre-poste, dont plusieurs personnes croient devoir attribuer la création à l'Angleterre, a, au contraire, une origine toute française. Dès le XVIIe siècle, il servait à l'affranchissement des lettres de Paris, et, dès cette époque, nous trouvons :

1° L'affranchissement obligatoire, afin que « les facteurs puissent rendre faci- » lement et promptement les lettres, » n'ayant qu'à les laisser dans les maisons » sans attendre le paiement du port des- » dites lettres. »

2° L'habitude d'envoyer des timbres-postes pour affranchir la réponse demandée.

Et enfin 3° la vente de ces timbres confiée à des agents étrangers à l'Administration des postes.

Une instruction annonçant au public la création de la petite poste, conservée dans les archives de la Bibliothèque Impériale, porte ce qui suit :

« On fait à sçavoir, à tous ceux qui » voudront escrire d'un quartier de Paris » en un autre, que leurs lettres, billets » ou mémoires seront fidèlement portés » et diligemment rendus à leur adresse, et » qu'ils en auront promptement response,

» pourvu que, lorsqu'ils escriront, ils » mettent avec leurs lettres un billet qui » portera « PORT PAYÉ », parce que l'on ne » prendra point d'argent ; lequel billet » sera attaché à ladite lettre, ou mis » autour de la lettre, ou passé dans la » lettre, ou en toute autre manière qu'ils » trouveront à propos, de telle sorte » néanmoins que le commis le puisse voir » et l'oster aysément.

» Chacun estant adverty que nulle » lettre ny response ne sera portée qu'il » n'y aye avec icelle un billet de port » payé dont la datte sera remplie du » jour et du mois qu'il sera envoyé, à » quoy il ne faudra manquer si l'on veut » que la lettre soit portée.

» Le commis général qui sera au palais » vendra de ces billets de port payé à » ceux qui en voudront avoir, pour le » prix d'un sou marqué, et non plus, à » peine de concussion; et chacun est

» adverty d'en acheter pour sa nécessité le » nombre qu'il lui plaira, afin que lors- » qu'on voudra escrire l'on ne manque » pas pour si peu de chose à faire ses » affaires. »

Cette instruction indique que l'acquisition des billets se faisait au palais, chez les tourières des couvents, chez les portiers des colléges et communautés et chez les geôliers des prisons. Le prix de chacun d'eux était fixé à un sou tapé, c'est-à-dire à un sou marqué à l'effigie royale, et « les solliciteurs étaient ad- » vertis de donner quelque nombre de » ces billets à leurs procureurs et clercs, » afin qu'ils les puissent informer à tous » moments de l'estat de leurs affaires, et » les pères à leurs enfants qui sont au » collége ou en religion et les bourgeois » à leurs artisans. »

Cette instruction se termine par l'avis suivant :

« Les commis commenceront à aller et
» porter les lettres le 8 août 1653. On
» donne ce temps afin que chacun aye le
» loisir d'achepter des billets. »

D'un autre côté, M. Pierre-Clément Richard, dans son *Appréciation des conséquences de la réforme postale,* cite le passage suivant de Pelisson :

« En 1653, un maître des requêtes,
» nommé de Vélayer, avait obtenu un pri-
» vilége, ou don du Roy, pour pouvoir
» seul establir des boëstes dans divers
» quartiers de Paris, et avait ensuite es-
» tabli un bureau au palais, où on ven-
» dait, pour un sou pièce, certains bil-
» lets imprimez et marquéz d'une marque
» qui lui estoit particulière. Ces billets
» ne contenaient autre chose sinon : *Port*
» *payé le..... jour du mois de..... l'an* 1653
» *ou* 1654. Pour s'en servir, il fallait
» remplir le blanc de la datte du jour et
» du mois auquel vous escriviez, et après

» cela, vous n'aviez qu'à entortiller ce » billet autour de celui que vous escri» viez à votre ami, et les faire jeter en» semble dans la boëste. Il y avait des » gens qui avaient ordre de l'ouvrir trois » fois par jour, et de porter les billets où » ils s'adressoient. Outre le billet de port » payé que l'on mettait sur la lettre pour » la faire partir, celuy qui escrivoit avait » soin, s'il vouloit avoir response, d'en» voyer un autre billet de port payé » renfermé dans sa lettre. »

Les personnes de la cour qui suivaient Louis XIV loin de Paris, employaient un système pareil d'affranchissement, et M. Feuillet de Conches possède des lettres que Pelisson, étant au camp, écrivait à Mlle Scudery, qui portent des traces visibles d'une sorte de timbre-poste.

A la même époque, il existait, en Angleterre, un système de Franco en blanc, dont on faisait provision pour un an; —

mais les Franco étant gratuits, ce système donna lieu à de graves abus, surtout depuis Charles II (1660-1685) jusqu'en 1784.

Le timbre-poste était tombé dans un oubli complet, lorsque M. Gustave Carian de Treffenberg, suédois, alors lieutenant dans le régiment d'artillerie de Gotha, adressa, le 23 mars 1823, à l'état de noblesse de Suède, la proposition que le gouvernement émît du papier timbré spécialement destiné à servir d'enveloppe aux lettres affranchies. Son projet fut chaudement appuyé par M. Le Prévôt, comte de Schwerin, mais l'assemblée s'en soucia peu et le rejeta à une forte majorité.

L'Angleterre fut le premier Etat à employer l'idée remise au jour par M. de Treffenberg.

M. Rowland-Hill, qui est devenu secrétaire de l'Administration des postes en

Angleterre, témoin de la fraude employée entre une jeune fille d'un district du Nord et son frère, retenu dans le Sud par le service militaire, qui, pour éviter des ports de lettre très-onéreux, indiquaient, par des signes hiéroglyphiques placés à l'extérieur, le contenu de leurs lettres, qu'ils refusaient après en avoir examiné très-attentivement l'adresse, — proposa au gouvernement anglais d'abaisser considérablement le port des lettres pour mettre fin à ce genre de fraude très-préjudiciable aux intérêts du Trésor.

Adoptant cette idée, le gouvernement anglais, par une loi du 10 janvier 1840, abaissa à un penny (environ 10 centimes de France) le prix des lettres circulant dans toute l'étendue des Iles Britanniques, et ordonna l'émission des timbres-postes.

La Belgique suivit son exemple le 24 décembre 1847; — la Bavière, le 5 juin 1849;

la France, le 24 août 1848; — la Prusse et toute l'Allemagne, en 1850 ; puis vinrent les autres Etats. La Turquie, qui seule n'avait pas encore adopté ce genre d'affranchissement, vient enfin d'émettre des timbres-postes qui, au lieu du portrait du sultan Abdul-Azis, portent le toghra ou fac-simile de sa signature.

Les divers Etats de l'Europe ont émis des timbres-postes particuliers pour les colonies qu'ils possèdent dans les quatre autres parties du monde.

L'Angleterre introduisit le pointillé qui facilite la séparation des timbres sans le secours des ciseaux et forme le dentelé qu'on remarque sur plusieurs.

Elle fut aussi la première à émettre, le 5 mai 1840, les enveloppes (vignette) dont l'idée primitive a été adoptée avec quelques modifications par plusieurs Etats, qui vendent ces enveloppes pour une somme de deux à cinq centimes su-

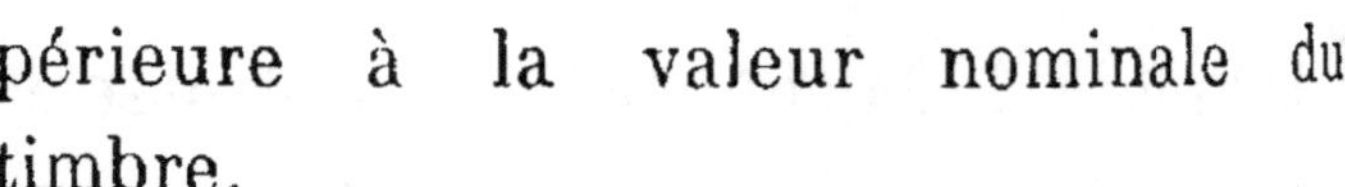

périeure à la valeur nominale du timbre.

Cinquante-deux Etats ont émis pour leurs postes intérieures ou coloniales 1338 timbres-postes, dont 692 ont été supprimés et 646 sont encore en circulation.

Des compagnies particulières autorisées officiellement à faire la petite poste, soit à Hambourg, soit dans diverses villes des Etats-Unis de l'Amérique du Nord, ont émis 198 timbres-postes ou enveloppes pour l'affranchissement des objets qui leur sont confiés.

Depuis 1862, quelques États ont émis, à l'exemple de la France, des chiffres-taxes destinés à indiquer la taxe due par certaines correspondances non affranchies.

Outre tous ces timbres officiels formant un total de 1536 timbres et représentant une somme de plus de 775 fr., on offre quelquefois, dans le commerce, aux amateurs de timbres-postes :

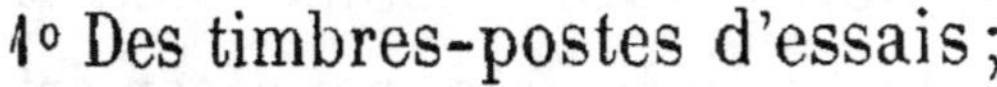

1° Des timbres-postes d'essais;

2° Des timbres-postes falsifiés, résultat obtenu par le lavage à l'aide d'un procédé chimique de la couleur officielle;

3° Des timbres-postes imités, reproduisant, en lithographie, les timbres-postes authentiques;

Et enfin 4° des enveloppes que diverses grandes maisons commerciales font timbrer comme les enveloppes fournies par l'Administration des postes de leur pays, et entourent ensuite ce timbre d'une légende portant leurs noms et leurs adresses.

Ces essais, falsifications, imitations ou ces enveloppes particulières sont, d'après un catalogue de M. Moëns, de Bruxelles, au nombre de 182.

L'Angleterre figure sur ce relevé, pour elle-même ou pour ses trente-quatre possessions ou colonies, par un chiffre de 372 timbres émis, 174 supprimés. — Ces timbres, non compris ceux dont la valeur n'est pas indiquée, représentent une somme de 142 fr. 75 centimes. Il y a en outre 35 essais falsifications et enveloppes particulières.

La France a émis 24 timbres, dont 8 sont encore en circulation ; il y en a en outre 5 de spéciaux pour les Colonies. Ces timbres représentent une valeur de 8 fr. 40.

M. Moëns signale en outre, pour la France, 9 essais et 4 imitations, et pour les Colonies françaises, 3 essais.

Cependant, à aucune époque la Monnaie n'a autorisé l'impression de timbres d'essais. Si l'on en rencontre, soit dans le commerce, soit dans les collections particulières, c'est que, suivant toute apparence, ils sont l'œuvre frauduleuse d'industriels spéculant sur la crédulité du public, généralement peu initié aux détails de cette fabrication, et désireux de

satisfaire, à tout prix, son goût, pour la collection de l'espèce.

La plupart des timbres-postes portent, dans le haut, le nom de l'Etat qui les a émis; dans le champ, tantôt un grand chiffre en indiquant la valeur, tantôt l'effigie du souverain (la religion mahométane défendant la représentation de la personne humaine, les timbres-postes turcs portent le fac-simile de la signature au bas de l'effigie du Sultan), tantôt les armoiries ou signes héraldiques adoptés pour emblème des diverses puissances ou villes; dans le bas, la valeur du timbre. Ce dernier renseignement manque sur quelques-uns, et, parmi cette catégorie, les plus remarquables sont ceux encore en usage en Espagne pour les journaux et correspondances officielles, qui portent le poids du paquet sur lequel ils sont apposés, mais n'indiquent pas le montant de la perception; quelques-uns indiquent non seulement la valeur, mais encore le poids pour lequel cette valeur opère l'affranchissement.

Le duché de Brunswich et le grand-duché de Mecklembourg-Schwerin ont des timbres divisés en quatre parties, que l'ont peut séparer à volonté et employer ainsi pour 1/4, 1/2 ou 3/4 de la valeur totale du timbre.

La Russie a aussi émis des timbres spéciaux pour les dépêches télégraphiques.

Quelques-uns des timbres-postes émis par les offices particuliers des Etats-Unis sont destinés à l'affranchissement de lettres ou paquets à expédier par estafette ou express à cheval. On y lit en effet ces mots : PONY EXPRESS, et leur valeur est de un, deux ou quatre dollars (5 fr. 25 c., 10 fr. 50 c., 21 fr. de notre monnaie).

§ II.

Le timbre-poste fut introduit en France par le décret de l'assemblée nationale du 24 août 1848. Ce décret, abrogeant la loi du 15 mars 1827, qui réglait les taxes à percevoir sur les correspondances à raison des distances, établit, à partir du 1er janvier 1849, une taxe fixe et uniforme de 20 centimes pour chaque lettre simple du poids de 7 grammes 1/2, circulant de bureau à bureau dans l'intérieur de la République et quelle que fût la distance.

Elle autorisa l'Administration des Postes à faire vendre aux prix de 20 centimes, 40 c. et 1 fr., des timbres ou cachets dont l'apposition sur une lettre, suffirait pour en opérer l'affranchissement.

Les timbres-postes sont fabriqués à la Monnaie de Paris.

Les timbres de 1, 5, 10, 15, 20 et

25 centimes étaient autrefois fabriqués en feuilles doubles contenant 300 timbres.

Et ceux de 40 c., 80 c. et 1 fr., en feuilles simples de 150 timbres.

Chaque feuille contenant quinze rangées de 10 timbres chacune.

Depuis le 1er janvier 1863, on ne fait plus, pour toutes les valeurs, que des feuilles simples de 150 figurines.

La décision du Ministre des finances du 13 décembre 1848 régla l'exécution de la loi du 24 août, et il fut émis des timbres-postes rectangulaires, imprimés en couleur, portant, dans le champ, dans un rond, la tête de la République, telle qu'elle avait été adoptée pour la monnaie par le décret du 3 mai 1848; l'encadrement du rond portait, dans le haut, RÉPUB. FRANÇ.; dans le bas, entre la valeur en chiffre du timbre répétée de chaque côté, le mot POSTES; des deux côtés, un encadrement grec.

Le 1er janvier 1849, on mit en circulation le timbre-poste noir de 20 centimes et le timbre carmin de 1 fr., et au mois d'avril suivant, le timbre-poste orange de 40 centimes.

La loi sur le budget des 15 et 22 mai 1850, en élevant la taxe des lettres à 25 centimes, à partir du 1er juillet suivant, fixa à 25 et à 50 centimes, à partir de la même époque, le prix des timbres ou cachets destinés à opérer l'affranchissement des lettres, et autorisa le Ministre des finances à émettre et faire circuler des timbres-postes au-dessous de 25 centimes.

En vertu de cette loi, il fut émis, le 1er juillet 1850, un timbre-poste bleu de 25 centimes ; le 25 juillet, le timbre vert de 15 c. ; le 12 septembre, le timbre bistre de 10 centimes.

Le timbre de 50 centimes ne fut jamais émis.

La loi du 3 janvier 1852, qui prescrivit de remplacer sur les monnaies l'effigie de la République par celle du Président, regardant à gauche, fut appliquée aux timbres-postes, savoir : au timbre de 25 centimes, le 12 août 1852 ; au timbre de 10 centimes, en septembre même année. (Un B placé sous la tranche du cou indique le nom du graveur.)

La proclamation de l'Empire, le 2 décembre 1852, fit remplacer les mots RÉPUB. FRANÇ. par EMPIRE FRANÇ. (Le B initiale du graveur fut supprimé), et l'on émit, en août 1853, le timbre bistre de 10 cent. ; le 17 août 1853, le timbre carmin de 1 fr. ; le 8 septembre 1853, le timbre orange de 40 c. ; le 3 novembre 1853, le timbre bleu de 25 cent.

La loi du 20 mai 1854 qui réduisit la taxe des lettres affranchies à 20 c. pour celles du poids de 7 gr. 1/2 et au-dessous, et à 80 c. pour celles de 15 à

100 grammes, annula les timbres-postes de 25 c. et 1 fr., et autorisa le Ministre des finances à émettre les nouveaux timbres-postes nécessaires à l'affranchissement des correspondances. La décision ministérielle du 31 août 1854 fit émettre, le 1er juillet 1854, le timbre-poste bleu de 20 centimes ; en octobre 1854, le timbre carmin foncé de 80 c.; le 4 novembre 1854, le timbre vert de 5 centimes.

Au mois d'avril 1860, le timbre-poste carmin foncé de 80 centimes fut remplacé par un timbre de même valeur, carmin clair.

Une décision ministérielle du 17 octobre 1859 a autorisé l'émission des timbres-postes à un, deux et quatre centimes. Celui de un centime fut d'abord mis seul en circulation depuis le 1er novembre 1860 ; il est vert olive.

Ce n'est qu'à la fin de décembre 1862

qu'a été émis le timbre-poste de 2 cent.

Ce timbre, de couleur brune, diffère quant au type de ceux émis jusqu'à cette époque. L'effigie de l'Empereur est laurée; on lit dans le haut, sans abréviations, le mot EMPIRE FRANÇAIS. Au bas, POSTES et la valeur de 2 c. en grands chiffres, répétés avant et après. Ces légendes ne sont plus imprimées entre deux lignes blanches, et enfin l'encadrement grec, des deux côtés, a disparu.

L'émission des timbres-postes à 4 centimes est annoncée comme prochaine.

Le type lauré a été adopté en principe pour les timbres à 1, 2, 4 et 5 centimes. Rien n'indique que cette mesure soit adoptée pour les autres natures de timbres; cependant, il n'y aurait rien d'extraordinaire à ce qu'il en fût ainsi.

Dans l'exposé de la situation de l'Empire, présenté aux Chambres le 13 janvier 1863, on lit ce qui suit :

« On a pensé que le public trouverait » une facilité nouvelle pour l'envoi de » ses correspondances, si l'affranchisse- » ment des lettres pouvait avoir lieu au » moyen d'enveloppes timbrées à l'a- » vance ; le Ministre a décidé que le » public serait admis à faire revêtir ses » enveloppes d'un timbre analogue à » celui des timbres-postes, les moyens » d'exécution se préparent, et il y a lieu » d'espérer que la mesure sera prochai- » nement appliquée. »

Le même document porte ce qui suit :

« La fabrication des timbres-postes » prend, chaque année, un plus grand » développement. Elle avait été, en 1821, » de 321 millions de timbres ; elle dépas- » sera, en 1842, 345 millions. »

M. le Ministre des finances approuvant, le 14 octobre 1858, une décision du Conseil des Postes du 24 septembre précédent, a autorisé l'émission, à partir du 1er janvier 1859, d'un chiffre-taxe destiné à représenter la taxe des correspondances locales non affranchies. Les chiffres-taxes sont imprimés sur de grandes feuilles qui en contiennent 500, disposés en 20 lignes, de 25 chacune. Le chiffre-taxe est carré; il porte dans un encadrement carré et en quatre lignes les mots : DIX CENTIMES A PERCEVOIR ; l'encadrement noir porte en lettres blanches, dans le haut : CHIFFRE, dans le bas : TAXE, des deux côtés le mot : POSTES.

La loi du 2 juillet 1862, en élevant à 15 centimes la taxe des lettres simples, nées et distribuées dans la circonscription postale du même bureau, a fait émettre le chiffre-taxe de 15 centimes. Ce chiffre-taxe, employé depuis le 1er janvier 1863, ne diffère du précédent que par l'énonciation de la valeur 15, au lieu de 10.

Au mois de janvier 1860, il a été

émis des timbres-postes pour les colonies. Ces timbres-postes sont carrés ; on y voit dans le champ l'aigle impérial éployé et couronné ; autour, dans un cercle : COLONIES DE L'EMPIRE FRANÇAIS, et entre la valeur répétée du timbre, le mot : POSTES. Il y a deux timbres de cette sorte : celui de 10 centimes, bistre, et celui de 40 centimes, orange.

Au mois de juillet 1862, il a en outre été émis au même type, pour les Colonies, des timbres-postes vert-olive, de 1 centime ; vert, de 5 centimes ; bleu, de 20 centimes.

J'ai vu un timbre-poste particulier à la Nouvelle-Calédonie, portant l'effigie à gauche de l'Empereur Napoléon III : il vaut 10 cent. et est d'une couleur gris sale ; son dessin, très-incorrect, me fait supposer que ce timbre, dont il n'est du reste question dans aucun document administratif, n'a pas de caractère officiel, et est l'œuvre de gens qui spéculent sur la manie des collections.

Le dernier catalogue Moëns signale un timbre-poste particulier à l'Ile-de-la-Réunion. Ce timbre aurait été émis en 1862 ; il serait imprimé en noir sur papier couleur verte, et vaudrait 30 cent.

Rennes, typ. Oberthur.

ANNÉES	POPULATION.	LETTRES.			JOURNAUX.		TIMBRES-POSTES.				OBSERVATIONS.
		NOMBRE.	Moyenne par 100 des affr.	Moyenne par 100 habitants.	NOMBRE.	Moyenne par 100 habitants.	NOMBRE VENDU.	Moyenne par 100 habitants.	PRODUIT.		
1846	35,400,486	»	»	»	»	»	»	»	»f	»c	Pour avoir le nombre total des objets confiés à la poste, aux nombres de lettres et journaux, il faudrait ajouter celui des paquets administratifs circulant en franchise, qui était, en 1850, de 38,810,442, et en 1854, de 30,919,704.
1847	Augmentation moyenne par an de 76,228	126,480,000	10	356	90,275,405	254	»	»	»	»	
1848		122,140,400	10	343	129,193,500	363	»	»	»	»	
1849		158,268,000	15	472	146,528,436	425	21,232,665	59	4,446,766	36	
1850		159,500,000	20	449	94,622,300	265	21,523,175	60	5,021,060	74	
1851	35,781,628	165,000,000	20	461	33,967,500	94	25,848,113	72	5,934,722	50	
1852	Augmentation moyenne par an de 51,545	181,000,000	22	505	94,863,066	264	28,589,540	79	6,602,765	64	
1853		185,542,000	22	517	99,536,925	277	31,254,226	87	7,213,599	33	
1854		212,385,000	49	592	115,774,433	322	83,359,350	231	17,098,535	43	
1855		233,517,000	85	649	123,647,266	315	148,433,000	412	28,533,595	»	
1856	36,039,364	252,014,800	88	699	127,321,445	353	169,508,750	470	32,700,065	»	
1857	Augmentation moyenne par an de 208,572	252,453,800	88 1/4	695	141,295,200	397	185,944,050	512	35,601,835	»	
1858		253,234,000	88 1/2	692	151,298,000	401	199,913,700	446	38,094,755	»	
1859		258,900,000	88 2/3	702	165,300,000	448	217,555,450	590	41,238,160	»	
1860		263,500,000	89	709	179,138,000	482	253,293,400	682	44,574,362	»	
1861	37,382,225	273,200,000	89 1/3	730	188,930,000	505	328,803,150	879	48,733,600	»	
1862	»	249,800,000*	90*	»	173,270,000	»	358,691,750	955	52,066,297	»	

* Les onze premiers mois.

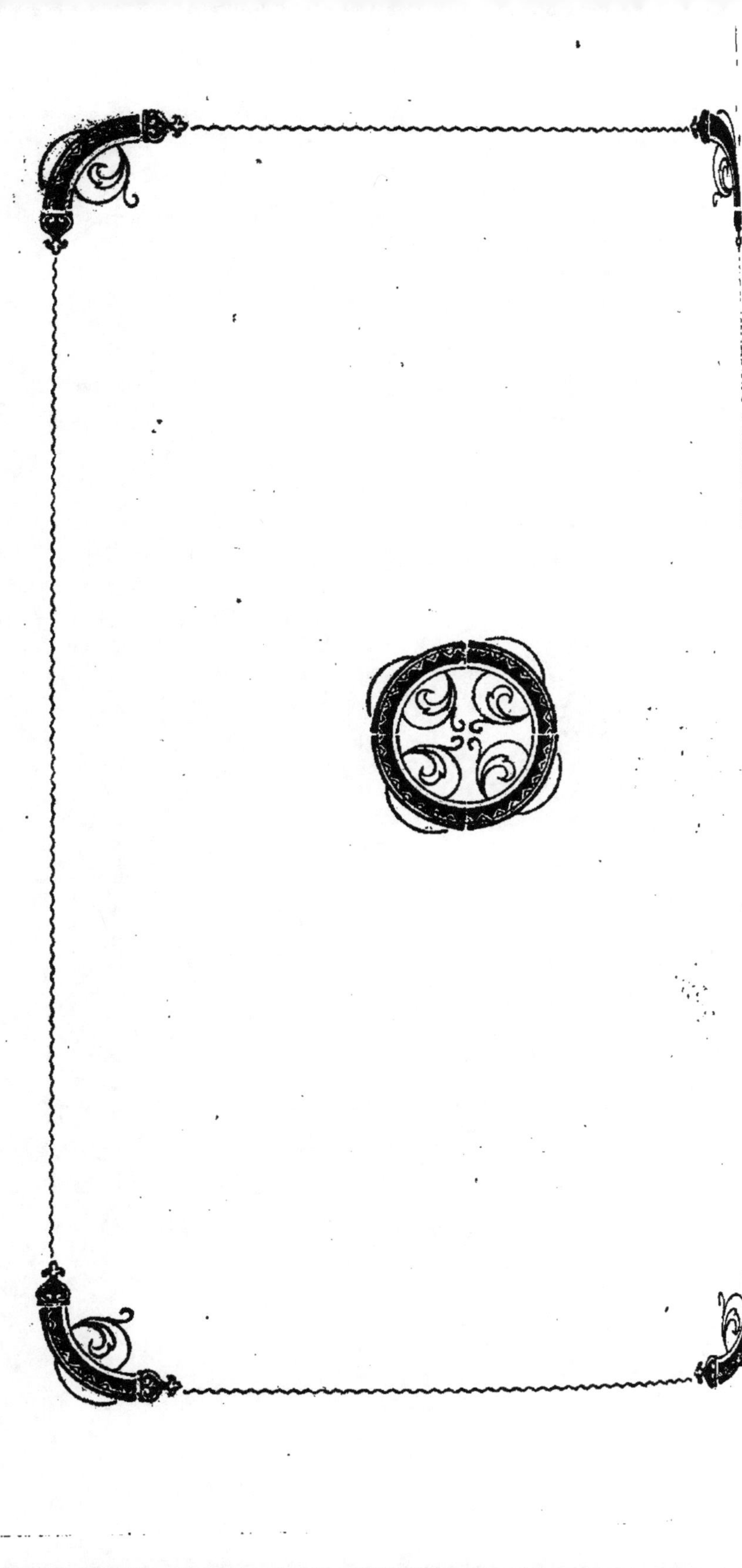

www.ingramcontent.com/pod-product-compliance
Lightning Source LLC
LaVergne TN
LVHW052020160826
845678LV00003B/1133

* 9 7 8 2 3 2 9 6 3 9 5 1 2 *